Diese Lesemaus gehört:
_____

Winter-Geschichten für starke Kinder

INHALTSVERZEICHNIS

 Jule ist krank
Eine Geschichte von Anna Wagenhoff
mit Bildern von Sigrid Leberer

 Max im Winter
Eine Geschichte von Christian Tielmann
mit Bildern von Sabine Kraushaar

 Auf dem Bauernhof durch das Jahr
Eine Geschichte von Sandra Ladwig
mit Bildern von Anne Ebert

 Conni fährt Ski
Eine Geschichte von Liane Schneider
mit Bildern von Eva Wenzel-Bürger

 **Winterzeit im Kindergarten**
Eine Geschichte von Sandra Ladwig
mit Bildern von Jule Johansen

 Max freut sich auf Weihnachten
Eine Geschichte von Christian Tielmann
mit Bildern von Sabine Kraushaar

Heute möchte Jule nach dem Kindergarten nicht mehr auf den Spielplatz gehen, sondern gleich nach Hause. Langsam trottet sie hinter Papa her. Der wundert sich, dass Jule nicht herumspringt wie sonst und gar nichts erzählt.
„Was ist denn los, Jule?", fragt Papa. „Hattest du Streit im Kindergarten?"
„Nee!" Jule schüttelt den Kopf. „Ich bin nur schlappi. Meine Beine fühlen sich an wie Grießbrei. Und mein Hals tut weh."
„Oje! Hoffentlich bekommst du keine Erkältung", sagt Papa.

Zu Hause hat Jule nicht einmal Lust auf leckere Pfannkuchen. Ihr großer Bruder Ben grinst. „**Jippie!** Dann gibt's mehr für mich!"
Papa runzelt die Stirn. „Jule geht es nicht gut. Spielt doch lieber was zusammen, statt euch zu ärgern." Aber Jule möchte sich lieber aufs Sofa legen. Papa fühlt ihre Stirn. „Du bist ja ganz heiß", sagt er besorgt. „Vielleicht hast du Fieber."

Als das Fieberthermometer piepst, liest Papa die Temperatur ab: „37,8 Grad! Das ist noch kein Fieber, aber erhöhte Temperatur. Ich mach dir gleich einen Rote-Nasen-Tee."
Jule nickt müde. „Und liest du mir dann was vor?"
„Na klar", sagt Papa und nimmt Jule fest in den Arm.

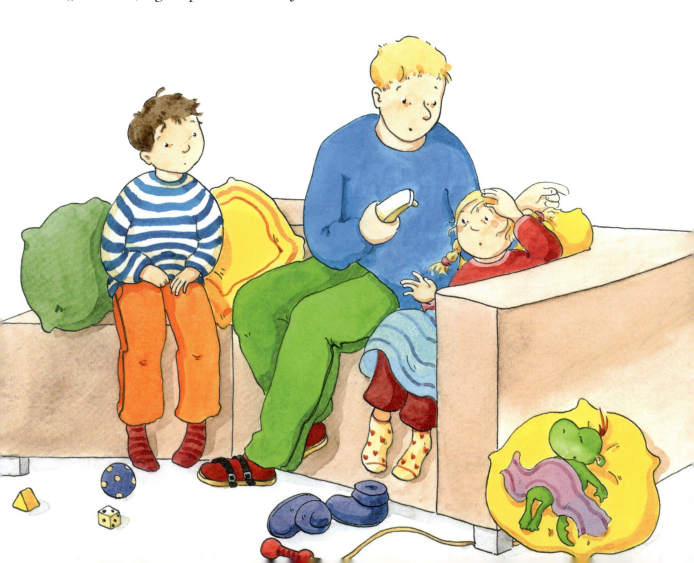

Am Abend fühlt sich Jules Hals kratzig an und ihre Nase läuft.
„Mein Kopf tut auch weh", jammert Jule.
„Armer Spatz", tröstet sie Mama. „Dann versuch erst mal zu schlafen. Morgen geht es dir hoffentlich besser."
Mama packt Jule fest in die Bettdecke ein und streicht ihr über den Kopf.
Wenig später kommt sie noch mal ins Zimmer und stellt einen Teller mit einer aufgeschnittenen Zwiebel neben Jules Bett.
„**Iih**, das stinkt!", beschwert sich Jule. „Das rieche ich ja sogar durch die Schnupfennase."
„Ja, aber so bekommst du besser Luft", erklärt Mama. „Das ist ein altes Hausmittel von Oma."
Jule ist viel zu müde, um weiter zu protestieren.
Kaum ist Mama im Flur, schnarcht sie schon leise.

„Mein Hals tut immer noch weh", krächzt Jule, als Papa am nächsten Morgen ins Zimmer kommt. „Und mir ist kalt."
Papa fühlt Jules Stirn. „Du glühst ja", sagt er. „Am besten messe ich noch mal deine Temperatur."
Nun hat Jule wirklich Fieber: 38,4 Grad.
„In den Kindergarten kannst du heute nicht gehen", sagt Papa.
Jule nickt. Eigentlich wollte sie mit Liv Kastanien sammeln. Aber Jule fühlt sich viel zu schlapp für alles. Mit ihrem Kuscheldrachen kuschelt sie sich lieber wieder unter die Decke.

Mama ruft im Kindergarten an und sagt Bescheid, dass Jule krank ist. Sie bleibt heute bei Jule zu Hause. Papa und Ben müssen wie immer zur Arbeit und in die Schule gehen. „Menno", mault Ben. „Ich möchte auch zu Hause bleiben."

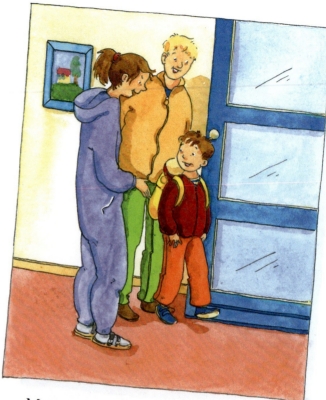

Mama macht ein strenges Gesicht. „Sei lieber froh, dass du dich nicht bei Jule angesteckt hast. Und jetzt los mit dir!"

Mama macht Jule einen Tee und ein Marmeladenbrot, aber Jule hat keinen großen Hunger. Eigentlich möchte sie nur schlafen.

Als sie aufwacht, liest Mama ihr drei lustige Geschichten am Stück vor und ausnahmsweise darf Jule vormittags und nachmittags ein bisschen fernsehen. Trotzdem findet Jule den Tag ziemlich langweilig und ist fast froh, als am Abend Schlafenszeit ist.

Am nächsten Morgen geht es Jule immer noch nicht besser. Heute bleibt Papa bei ihr. Er ruft bei der Kinderärztin an und sie können gleich vorbeikommen. Bei der Anmeldung gibt Papa die Versicherungskarte ab. Die Arzthelferin sagt, dass Jule und Papa noch kurz im Wartezimmer Platz nehmen sollen.

Dort gibt es tolle Spielsachen. Aber Jule ist viel zu müde zum Spielen. Sie kuschelt sich auf Papas Schoß und er liest ihr ein Pixibuch vor. Dann kommt schon Frau Klein, die nette Kinderärztin. Sie begrüßt Jule und Papa und nimmt sie mit ins Behandlungszimmer.

Papa und Jule erzählen Frau Klein,
warum sie gekommen sind.
„Dann werde ich mal nachsehen,
was los ist", sagt die Ärztin.
   Papa hilft Jule den Pulli auszuziehen.

Zuerst schaut Frau Klein in
Jules Mund und Rachen.
„Mach den Mund bitte weit auf
und sag **Aaaah!**", sagt sie und
drückt mit einem Holzspatel
Jules Zunge herunter.
„Dein Hals ist etwas gerötet",
stellt die Ärztin fest.

Dann tastet sie vorsichtig Jules Hals von außen ab. „Sehr gut", sagt sie. „Da ist nichts geschwollen."

Zum Schluss hört die Ärztin Jule mit dem Stethoskop den Rücken und die Brust ab. „**Tiiief** ein- und ausatmen!", sagt sie.
Jule schnauft und prustet wie ein Drache.
„Und nun huste mal!", bittet Frau Klein. „Prima, mit deiner Lunge ist alles in Ordnung."

Jule darf sich wieder anziehen. Frau Klein setzt sich an ihren Schreibtisch.
„Du hast eine dolle Erkältung", stellt sie fest. „Ich schreibe dir ein Rezept für Nasentropfen, damit du besser schlafen kannst. Die beste Medizin gegen eine Erkältung gibt es aber nicht in der Apotheke. Du solltest viel trinken, schlafen und dich ausruhen."
Papa lächelt. „Toben möchte Jule momentan sowieso nicht, oder?"
Jule schüttelt den Kopf.
„Gute Besserung, Jule!", sagt Frau Klein zum Abschied.

Neben der Arztpraxis ist eine Apotheke. Dort kauft Papa die Nasentropfen. Jule bekommt vom Apotheker zwei Hustenbonbons geschenkt.

„Danke!", krächzt Jule.

„So, und jetzt schnell nach Hause", sagt Papa.

Zu Hause legt sich Jule wieder ins Bett und schläft gleich ein.
Als sie aufwacht, bringt Papa ihr eine heiße Zitrone mit viel Honig und ruft:
„Alle Mann unter Deck! Ich lasse frische Luft rein!"
Unter der Decke ist es schön warm. Papa sagt, dass er jetzt Grießbrei kocht.
„Vielleicht magst du ja später ein wenig davon essen."
Jule hört solange ein Hörbuch und hat danach wirklich ein bisschen Hunger.
Grießbrei ist ja auch eine ihrer Lieblingsspeisen.

Am Nachmittag spielen Mama, Papa und Ben Mau-Mau mit Jule. Eigentlich ist Kranksein ganz gemütlich, findet Jule. Wenn nur der Hals nicht so wehtun würde! Und wenn tagsüber Liv zum Spielen vorbeikommen könnte! Aber das geht natürlich nicht. Sonst würde sie sich noch anstecken.

Obwohl es Jule am nächsten Tag schon etwas besser geht, soll sie noch zu Hause bleiben. Das hat die Kinderärztin gesagt. Heute kommt Oma zum Aufpassen. Mama und Papa müssen wieder arbeiten. Oma bringt Jule ein tolles Gute-Besserung-Geschenk mit: einen kleinen Arztkoffer! Außerdem erklärt Oma, dass Jule sich nach dem Naseputzen die Hände waschen und nicht in die Luft niesen oder husten soll, damit sie niemanden ansteckt.

Jule freut sich, dass Oma da ist. Sie liest Jule lange vor und kocht ein leckeres Mittagessen. Jule isst zwei Portionen!
„Dir scheint es ja wieder besser zu gehen", freut sich Oma.
„Für dich ist nix übrig!", ruft Jule, als Ben von der Schule kommt.
„Menno!", motzt der, muss aber doch grinsen, als er merkt, dass Jule nur Spaß gemacht hat.

Bis zum Abend spielen Jule, Ben und Oma mit dem neuen Arztkoffer.
Ben und Oma sind die Patienten. Jule ist die Ärztin. Sie gibt Spritzen,
misst den Blutdruck und hört Oma mit dem Stethoskop ab.

Am Abend misst Mama bei Jule Fieber. „36,7 Grad", liest sie ab. „Prima, das ist ganz normal! Dann kannst du morgen wieder in den Kindergarten gehen!"

„Jippie!", ruft Jule. „Und danach gehen wir mit Liv auf den Spielplatz. Schaukeln und klettern und Kastanien sammeln und …"

„Na, immer langsam", lacht Mama. „Jetzt gehst du erst mal Zähne putzen und dann ab ins Bett!"

„**Hatschipuh**, zu Befehl", niest Jule und marschiert fröhlich ins Bad.

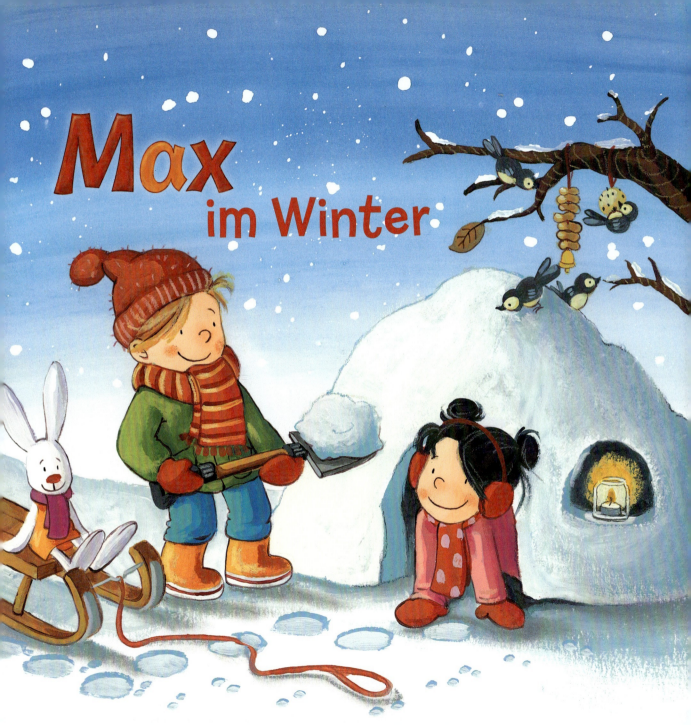

Als Max am Morgen aus dem Fenster guckt, jubelt er: „Juhu! Schnee!" Endlich hat es geschneit. Und wie! Der ganze Garten ist mit einer dicken weißen Schicht bedeckt.
Auch vor dem Haus ist alles voller Schnee. Einige Nachbarn müssen sogar ihre Autos freischaufeln, bevor sie zur Arbeit fahren können.
Max freut sich riesig. Jetzt kann er endlich seinen nagelneuen Schlitten ausprobieren.

Weil der Bus ausfällt, müssen Max und Papa ein bisschen früher zum Kindergarten losgehen. Auch Mama und Felix, der große Bruder von Max, sind schon früher als sonst zum Büro und zur Schule aufgebrochen. Die Autos rollen leise über die Schneedecke. „Auf die Autos müssen wir heute besonders aufpassen", sagt Papa. „Die können im Schnee nicht so gut bremsen." Ein großes Schneeräumfahrzeug schiebt den Schnee an den Fahrbahnrand, damit der Verkehr besser durchkommt.

Im Kindergarten geht die Erzieherin Rosi mit den Kindern direkt nach draußen. Max und seine beste Freundin Pauline rollen Schneekugeln über den Hof. Erst ist die Kugel klein. Aber bald wird sie so groß, dass die anderen Kinder helfen müssen.
Aus drei Schneekugeln bauen sie einen Schneemann. Der bekommt eine Möhre als Nase und zwei Steine als Augen. Daneben bauen sie noch eine Schneefrau und ein Schneekind. Die bekommen auch Möhren als Nasen.
Zum Schluss baut Max sogar einen Hasen. Auch der Schneehase bekommt eine Möhre. Aber nicht als Nase, sondern als Futter.
„Heute Nachmittag fahren wir Schlitten!", sagt Max.
„Au ja!", freut sich Pauline.

Um drei Uhr kommt Pauline zu Max. Sie hat ihren Schneeanzug an und ihren Schlitten dabei.
„Wo wollt ihr denn Schlitten fahren?", fragt Mama.
„Im Park", sagen Max und Pauline wie aus einem Mund. Denn da ist ein schöner großer Hügel.
„Ich komme mit", sagt Felix. Und auch Mama geht mit zur Schlittenwiese.

„Machen wir ein Wettrennen?", fragt Pauline.
„Auf die Plätze, fertig, los!", schreit Max.
Er stößt sich mit den Füßen ab. Aber der Schlitten fährt nicht den Hügel hinunter. Er klebt im Schnee fest.
Auch Paulines Schlitten bewegt sich nur ganz langsam.
Sogar Felix und Mama geht es nicht besser.

„Wir müssen den Schnee platt treten", sagt Felix. Pauline und Max helfen ihm. Als die Bahn fertig ist, probieren sie wieder zu fahren. Aber irgendwie klappt es trotzdem nicht.
„Der Schnee ist so pappig, weil es zu warm ist", sagt Mama. „Morgen soll es kälter werden. Dann geht es vielleicht besser."

Weil der Schnee so schön pappt, möchten Max, Pauline und Felix im Garten eine Schneeburg bauen. „Oder ein Iglu!", schlägt Max vor. Die drei schaufeln ganz viel Schnee auf einen Haufen. Beim Nachbarn dürfen sie noch mehr Schnee holen. Max packt richtige Brocken auf seinen Schlitten und zieht sie rüber zum Iglu.
„Du bist ein Schlittenhund", sagt Pauline und lacht.
„Ein Husky!", ruft Felix.
„Genau! Wau!", sagt Max und bellt.

Als der Haufen hoch genug ist, klopfen sie den Schnee fest. Dann beginnt Felix, ein Loch in den Schneehaufen zu graben. Immer tiefer gräbt er sich hinein. Den Schnee, den Felix herausschaufelt, werfen Max und Pauline wieder obendrauf und klopfen ihn fest. So entsteht eine gemütliche Höhle im Schneeberg. Max gräbt mit seinem Klappspaten sogar ein Fenster in das Iglu.
„Vielleicht können wir ja in unserem Iglu übernachten?", überlegt Max.
Pauline schüttelt den Kopf. „Das ist viel zu kalt."
„Und wenn wir ein Lagerfeuer im Iglu machen?", fragt Max.
„Dann schmilzt doch der Schnee", sagt Felix.

Plötzlich kommt ein Schneeball geflogen und landet auf Max' Po! "Wer war das?", ruft Max. Da guckt Papa um die Ecke. Er kommt gerade aus dem Büro. "Na warte!", rufen Max, Pauline und Felix. Sie verstecken sich hinter ihrem Iglu und werfen jede Menge Schneebälle auf Papa. Der pfeffert ordentlich zurück. Aber schließlich ruft er: "Okay, ihr habt gewonnen. Ich ergebe mich! Wer möchte einen Friedenstrank?"
"Was ist ein Friedenstrank?", fragt Pauline. Max leckt sich die Lippen. "Ein dicker fetter Kakao mit Sahne und allem Drum und Dran!"

„Habt ihr etwa eine Schneeballschlacht gemacht?", fragt Mama, als sie tropfnass ins Haus kommen. „Papa hat angefangen!", sagt Max. Papa lacht. Sie ziehen die nassen Sachen aus und hängen sie zum Trocknen auf.

Papa kocht den Kakao. Max hält die Tasse in seinen Händen. Das wärmt schön die Finger.
„Der Winter ist die beste Jahreszeit", sagt Max.
„Ja. Aber im Sommer am See ist es auch nicht schlecht", sagt Pauline.
„Stimmt", sagt Max. „Und die Kastanien im Herbst und die ersten warmen Tage im Frühling sind auch klasse."
Er überlegt kurz. „Eigentlich ist das ganze Jahr meine Lieblingsjahreszeit."

Am Abend möchte Max wissen, wie die echten Iglus am Nordpol gebaut werden. Mama zeigt es ihm in einem Buch.
„Die Inuit, so heißen die Eskimos eigentlich, schneiden große Schneeblöcke mit einer Säge ab und mauern sie übereinander."
„Und haben die eine Heizung im Iglu?", fragt Max.
Mama schüttelt den Kopf. „Nein, dann würde der Schnee schmelzen. Aber es kann darin bis zu vier Grad warm werden." Sie überlegt kurz. „Das ist ungefähr so warm wie in unserem Kühlschrank."
„Also ziemlich kalt", sagt Max.
„Ja, aber draußen ist es noch viel, viel kälter", sagt Mama. „Und im Iglu können sich die Menschen zum Schlafen in warme Decken hüllen."

Am Samstagmorgen ist es richtig kalt geworden.
Minus zehn Grad zeigt das Thermometer.
„Was machen wir heute, Max?", fragt Felix. „Sollen wir noch eine Etage auf das Iglu bauen? Oder einen Balkon?"
Aber Max schüttelt den Kopf. Er hat eine viel bessere Idee.
„Jetzt ist es doch kälter geworden. Genau wie Mama gesagt hat."
Deshalb ist der Schnee auch nicht mehr so pappig, sondern schön festgefroren. Da kann Max …

… endlich mit seinem Schlitten den Hügel runtersausen.

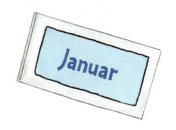

Hurra! Es hat geschneit! Sofie und ich helfen Papa, einen Weg zum Kuhstall freizuschippen. Auf unserem Hof leben 30 Kühe und Kälber. Jeden Tag muss der Stall ausgemistet werden und jeden Morgen und Abend werden die Kühe im Melkstand gemolken.

An das Euter wird ein Gummisauger angesetzt, der die Milch abpumpt. Durch Leitungen fließt sie in einen Tank, wo sie gekühlt wird. Jeden zweiten Tag holt Herr Heintel von der Molkerei unsere Milch ab. Dort wird sie weiterverarbeitet zu Joghurt, Käse oder Quark.

Nach dem Melken werden die Kühe im Stall gefüttert. Im Trog liegt das Raufutter: Gras- und Maissilage, Futterkartoffeln, Getreide und Heu. Alles, was wir für das Kuhfutter benötigen, wächst auf unseren Feldern. Dort gibt es im Moment nichts zu tun. Erst wenn es wärmer wird, sät mein Papa Getreide und pflanzt Kartoffeln.

Füttern

Melkstand

Februar

Gerade kommen wir vom Karnevalsumzug aus der Stadt. Wir haben eine Tüte voll Bonbons gefangen. „Die reichen für das ganze Jahr", meint Mama. Sofie und ich sind uns da nicht so sicher.
Erst mal bekommt Papa ein Bonbon, denn er konnte nicht mitkommen. Er repariert den Traktor, der bald einsatzbereit sein muss.

An den Traktor werden alle Maschinen für die Feldarbeit gehängt. Mir gefällt der Beregnungswagen. Der wird an eine Pumpe angeschlossen, dann kann man damit übers Feld fahren und die Pflanzen gießen.
Mit der Wiesenschleppe macht Papa die vielen Maulwurfshügel platt. „Der arme Maulwurf!", sagt Sofie dann immer.
Papa hat nicht so viel Mitleid. Ihm ist es lieber, wenn der Maulwurf an einer anderen Stelle seine Gänge gräbt.

Beregnungswagen

Traktor

Wiesenschleppe

Puh, hier stinkt's! Papa ist mit dem Güllewagen aufs Feld gefahren. Gülle ist der gegorene Urin und der Kot der Kühe. Die darin enthaltenen Nährstoffe helfen den Pflanzen beim Wachsen.

Nachdem das Feld gedüngt ist, fährt Papa noch mal mit dem Pflug darüber. Der gräbt die Erde um. Die Gülle wird dadurch gut im Boden verteilt, auch Unkrautwurzeln werden herausgerissen. Damit ist der Acker gut vorbereitet für die Aussaat im nächsten Monat.

Bald werden die Kartoffeln gepflanzt. Die Kartoffelpflanzmaschine legt einzelne vorgekeimte Kartoffeln in die Erde und häuft dann wieder Erde darüber.

vorgekeimte Kartoffel

Es ist so weit: Das Sommergetreide wird gesät. Zuerst fährt Opa mit der Egge über den Acker. Die Zinken der Egge zerkleinern große Erdklumpen und machen die Erde ganz krümelig. Umso besser lässt sich das Saatgut verteilen. Papa füllt die Körner in die Sämaschine und fährt damit über das Feld. Wir bauen Hafer, Mais und Gerste an. Vieles davon verwenden wir als Tierfutter.

Die Kühe dürfen nun auch auf die Weide. „Vielleicht finden sie noch ein paar Schokoladeneier", kichert Sofie. Auf der Weide haben wir dieses Jahr eine große Ostereiersuche mit unseren Freunden veranstaltet, als die Kühe noch im Stall waren.

Neben dem Kuhstall beginnt unser Garten. Mama pflanzt dort Tomaten, Gurken, Bohnen, Kräuter und Salat an. Auch Sofie und ich haben ein eigenes Beet. Ich säe Möhren aus, Sofie ihre Lieblingsblumen.

„Das nennen wir Rosa", sagt Sofie und zeigt auf das Kälbchen mit dem kleinen rosa Fleck hinterm Ohr. „Einverstanden", sage ich. Drei Kälbchen sind in diesem Frühling auf die Welt gekommen. Bei unserem Nachbarn wurden Lämmer und zwei Fohlen geboren. Die meiste Zeit verbringt Sofie im Moment dort, weil sie die kleinen Fohlen so toll findet.

Und wenn nicht, sitzt Sofie bei unseren Hühnern und streichelt die Küken. „Die sind so schön weich. Fühl mal!", sagt sie jedes Mal, wenn ich den Stall sauber mache und die Hühner füttere. Unsere Hühner dürfen frei herumlaufen. Nur zum Schlafen und Eierlegen gehen sie in den Stall. Die Eier sammeln wir jeden Tag ein. Oma verkauft sie im Hofladen.

Mai

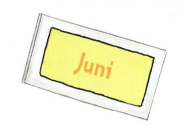

„Mmhh! Das ist fast so gut wie Schwimmen." Mein Freund Tim ist zu Besuch. Schmatzend kaut er die leckeren Kirschen. Eigentlich waren wir fürs Freibad verabredet. Aber als Tim gehört hat, dass wir heute Kirschen und Johannisbeeren ernten, hat er freiwillig aufs Schwimmbad verzichtet. Oma und Sofie pflücken Johannisbeeren. Aus ihnen macht Oma die beste Marmelade der Welt.

Papa ist wieder auf dem Feld. Mit der Rundballenpresse presst er das gemähte Gras, das er drei Tage hat trocknen lassen, zu Heuballen. Die fährt er später mit dem Anhänger in die Scheune, wo das Heu gelagert wird.

Wenn in ein paar Wochen das nächste Mal Gras gemäht wird, bleibt es nicht zum Trocknen auf dem Feld liegen. Es kommt frisch geschnitten ins Silo. Dort kann das Gras gären. Im Winter freuen sich die Kühe dann über die Grassilage.

Das Getreide ist reif. Papa lässt den großen Mähdrescher an. „Fährst du mit aufs Feld?", fragt er. Sofort springe ich auf. Opa fährt mit dem Traktor und einem Anhänger hinter uns her.

Das Schneidwerk vorne am Mähdrescher schneidet die Getreidehalme ab. Im Inneren werden die Körner aus den Ähren gedroschen und in einem Tank gesammelt. Über das Abtankrohr gelangen die Körner in den Anhänger des Traktors. Hinten wird das gedroschene Stroh ausgeworfen. Das Stroh bleibt erst mal auf dem Feld liegen. Es wird später zu Rundballen gepresst und dann in der Scheune gelagert.

Den Weizen verkauft mein Vater an eine Mühle, wo er zu Mehl gemahlen wird. Hafer und Gerste verwenden wir als Tierfutter. Aus Gerste wird aber auch Malz hergestellt. Das braucht man vor allem zum Bierbrauen. Eine Woche vorher hat Papa den Raps geerntet. Die schwarzen Körner der Rapspflanze werden in der Ölmühle gepresst. Das Öl wird weiterverarbeitet zu Speiseöl und Margarine.

Endlich sind Sommerferien! Und schon sind die ersten Feriengäste da: eine Familie mit zwei Kindern. Sie wohnen zwei Wochen in der Wohnung im Dachgeschoss. Sofie und ich zeigen Jakob und Hanna den Hof. Hanna interessiert sich nur für die Ponys. Sie und Sofie sind gleich beste Freundinnen.

Jakob und ich besuchen Papa in der Scheune. Jakob fragt, ob er mal Traktor fahren darf. Aber Papa meint, dafür ist er noch zu jung.
Mama führt Hanna auf dem Pony Hubert über den Feldweg. Sofie läuft nebenher. Später striegeln wir alle zusammen die Ponys. Das ist wichtig, denn die Tiere müssen von Schmutz befreit werden.

Im September beginnt die Ernte für den Futtermais. Mit dem Maishäcksler fährt Papa aufs Feld. Die Maschine schneidet die ganzen, noch grünen Maisstängel zusammen mit den Maiskolben in kleine Stücke. Der gehäckselte Mais fällt auf den Anhänger, mit dem Opa nebenherfährt.

Auf dem Hof füllen er und Papa den Häcksel in das Silo. Das Silo wird gut abgedeckt, sodass der Mais gären kann. Es entsteht die Maissilage, die unsere Kühe im Winter zweimal am Tag als Futter bekommen.

Auch die Kartoffeln können jetzt geerntet werden. In der Sortiermaschine auf dem Hof werden faule und grüne Kartoffeln sowie Steine aussortiert. Die Kartoffeln werden abgewogen, in Säcke gepackt und zum Verkauf im Hofladen angeboten. Auch die Äpfel, Birnen und Zwetschgen sind jetzt reif.

Oktober

Tim und ich schnitzen Grusel-Kürbisse. Wir haben uns zwei dicke Kürbisse aus dem Gemüsegarten geholt. Die restlichen haben wir vor den Hofladen geschleppt. Wenn es nicht regnet, feiern wir mit Freunden ein kleines Halloween-Fest. Es soll Kürbissuppe und Stockbrot geben.

Papa fährt mit Opa zum letzten Mal in diesem Jahr aufs Feld, um den Körnermais zu ernten. Die Körner sind jetzt goldgelb und hart. Der Maismähdrescher funktioniert so ähnlich wie der Mähdrescher. Er pflückt die Maiskolben und drischt die Körner aus. Die Maiskörner werden getrocknet, gelagert und als Viehfutter verwendet.

Anschließend wird der Ackerboden gepflügt und mit der Egge bearbeitet. Dann kann das Wintergetreide gesät werden. Im Gegensatz zum Sommergetreide braucht das viel länger, bis es reif ist. Erst im nächsten Sommer kann man es ernten.

Heute helfe ich Oma im Hofladen. Hier verkaufen wir frische Milch, Eier, Obst, Gemüse, Kartoffeln und natürlich Omas beste Marmelade der Welt. Unsere Halloween-Kürbisse stehen immer noch vor der Tür. Die Kerzen darin flackern. Im Nebel sieht das richtig gruselig aus. Im Laden ist es schön warm. Mit Mimi sitze ich gerne vor dem Ofen.

Papa friert bestimmt. Er muss den Zaun an der Weide reparieren. Heute Morgen hat er sich geärgert, weil es geregnet hat. Jetzt ist es trocken, aber dafür ganz schön neblig und kalt. Im Winter hat Papa fast nichts auf den Feldern zu tun. Deshalb kümmert er sich um die Dinge, die repariert werden müssen. Und natürlich um die Kühe und Kälbchen und alle anderen Tiere.

Heute habe ich das erste Türchen meines Adventskalenders geöffnet. Bald ist Weihnachten! Jedes Jahr im Dezember fällt unser Nachbar Bäume in seinem Wald. Einen davon bekommen wir, das wird unser Hofweihnachtsbaum. Wir alle helfen, ihn zu schmücken.

Papa sitzt jetzt oft im Büro und kümmert sich um den Papierkram. So nennt er es, wenn er Rechnungen bezahlen muss und überlegt, ob er sich im nächsten Jahr einen neuen Traktor kaufen kann.

Papa hat versprochen, dass er nach Weihnachten mit Mama, Sofie und mir ein paar Tage wegfährt. Dann kommt eine Aushilfe von einem anderen Bauernhof und hilft Oma und Opa mit den Tieren. Auf den Urlaub freue ich mich schon, aber bestimmt werden wir unseren Hof und die Tiere ganz schnell vermissen.

Dezember

Conni hüpft wie ein Hampelmann. Sie macht sich klein wie ein Zwerg und groß wie ein Riese. Sie schwingt ihre Beine und lässt die Arme kreisen: Conni macht Skigymnastik, denn sie will mit Papa und Mama zum Skiurlaub in die Berge fahren.

Ganz früh an Papas erstem Urlaubstag geht die Reise los. Die Fahrt im vollgepackten Auto dauert lange. Immer wieder will Conni wissen, wann sie da sind. Sie hat schon fast zwei Kassetten gehört, als sie endlich Berge sehen kann. Aber das sind noch lange nicht die richtigen, meint Mama. Trotzdem macht Papa eine kurze Pause – weil Conni mal muss. Danach spielt sie mit Mama Autos raten. Mittags machen sie Pause in einem Rasthaus. Dann fährt Mama weiter und Papa ruht sich aus. Conni hört wieder ein Hörspiel und ist mit einem Mal eingeschlafen. Als sie aufwacht, schneit es.

Und endlich sind sie da. Conni staunt:
Die Berge reichen bis in die Wolken!
Und so viel Schnee gibt es hier!

Sofort nach der Ankunft im Ferienhaus stürmt Conni raus. Mit dem Schnee kann man prima Kugeln formen. Schon hat Papa einen Schneeball im Nacken. Er wirft zurück und trifft Mama, die gerade aus der Tür kommt. Eine tolle Schneeballschlacht beginnt. Conni bekommt nasse Handschuhe und rote Wangen.
Dann will Conni endlich die geliehenen Skier ausprobieren. Mit den schweren Stiefeln, den langen Skiern und den Skistöcken kommt sie zuerst gar nicht zurecht. Das ist vielleicht umständlich! Als sie endlich steht, rutscht sie plötzlich ganz schnell und fällt hin. Papa sagt, dass man Skilaufen am besten in der Skischule lernt. Die Eltern wollen Conni dort anmelden. Conni freut sich schon. Jetzt will sie aber erst mal Schlitten fahren.

Am nächsten Morgen fährt Mama mit Conni in der Seilbahn zur Kinderskischule. Es ist aufregend, so hoch über der Erde zu schweben. In der Skischule warten schon andere Kinder auf den Skilehrer. Conni findet, dass das Mädchen im gelben Schneeanzug sehr nett aussieht. Sie lächelt ihm zu. Und das Mädchen lächelt zurück. Der Skilehrer heißt Alex und sieht sehr sportlich aus. Nachdem alle ihren Namen gesagt haben, bewundert er die Skier der Kinder und sieht sich alles genau an.

Conni wundert sich, warum er hier im Winter eine Sonnenbrille trägt. Alex erklärt, dass die Sonne auf dem weißen Schnee die Augen genauso blenden kann wie im Sommer am Strand. Einige Kinder tragen eine Brille, die fast wie eine Taucherbrille aussieht. Die ist besonders bei schlechtem Wetter nützlich. Alle sollen einen Helm tragen, denn wie beim Radfahren kann man beim Skilaufen leicht mal hinfallen.

Als Erstes sollen die Kinder das Gehen mit den Skiern üben. Bald kann Conni Zwergen- und Riesenschritte, gebückte Indianerschritte und schwere Nilpferdschritte. Dann malen die Kinder mit den Skiern Muster in den Schnee. Das ist lustig, aber Conni fängt langsam zu frieren an. Ihre Nase ist schon ganz rot und ihre Hände sind steif vor Kälte.

Zum Glück ruft Alex jetzt zur Pause in die Hütte der Skischule. Es gibt heißen Kakao, leckere Brötchen und spannende Geschichten.

Der erste Vormittag in der Kinderskischule geht schnell vorbei. Beim Mittagessen hat Conni Papa und Mama viel zu erzählen. Vor allem von Lena, dem Mädchen im gelben Schneeanzug. Und Papa und Mama erzählen auch vom Skifahren.

Außerdem braucht Conni auch einen Helm und eine Skibrille. Den Helm können sie in der Skischule ausleihen. Und die Skibrille kaufen sie gleich am Nachmittag im Dorf.

Am nächsten Tag lernen die Kinder, wie man bremst. Sie müssen die Skier beim Fahren vorne zusammen- und hinten auseinanderdrücken. Man nennt das Schneepflug.
Gemeinsam mit Lisa, Jan, Lena und Max kurvt Conni im Pflugbandwurm los.

Conni übt viel. Immer wieder fällt sie in den Schnee und holt sich ein paar blaue Flecken. Aber jetzt steht sie schon sicher auf den Skiern und will endlich einen Hügel hinunterfahren! Dazu muss sie zuerst irgendwie nach oben kommen. Das ist schwierig mit den Skiern. Conni rutscht immer wieder hinunter. Alex zeigt ihr einen Trick: Sie muss seitwärts gehen und mit kleinen Schritten immer ein Stückchen höher klettern. Das strengt ganz schön an, aber endlich kann sie richtig Ski fahren. Das macht Spaß!

Alex hat auch für das Hochklettern eine tolle Lösung: die Zauberteppiche. Man stellt sich drauf und schon geht es nach oben! Conni probiert gleich den ersten Zauberteppich aus, der sie ein Stückchen nach oben bringt. Nun kann sie runterrutschen, ohne mühsam hochzuklettern.
Conni übt jetzt, mit ein paar Gleitschritten hinunterzurutschen. Dabei wird sie auch schneller. Fast wäre sie mit Max zusammengestoßen. Doch zum Glück hat Conni schon das Bremsen gelernt.

Jetzt üben sie für das Fahren mit dem Schlepplift. Conni schnallt ihre Skier ab und zieht Lena an ihren Skistöcken durch den Schnee. Danach zieht Lena Conni. Später dürfen alle noch mit dem Schneekarussell fahren. Die Kinder halten sich an Stangen fest und Alex bringt das Karussell in Schwung. Das macht Spaß. Und dann dürfen alle endlich mit dem Schlepplift fahren.

Sie lassen sich den großen Übungshang hinaufziehen und fahren dann in großen Bogen hinunter. Conni ist begeistert – so ein tolles schnelles, langes Heruntersausen! Sie genießt das Kitzeln im Bauch und mag gar nicht mehr aufhören. Immer wieder stellt sie sich beim Schlepplift an.

An den Nachmittagen macht Conni mit ihren Eltern viele andere schöne Sachen. Sie fahren mit dem Pferdeschlitten durch den Wald. Sie gehen Schlittschuh laufen oder bauen Schneemänner. Am Dienstag gibt es sogar ein Fest für Eltern und Kinder in der Skischule. Dabei grillen sie Äpfel über einem Lagerfeuer. Sie spielen mit einem großen bunten Schwungtuch und tanzen vor einer Bühne im Schnee. Doch am liebsten fährt Conni Ski.

Am vorletzten Urlaubstag machen die Kinder der Skischule ein Rennen. Sie müssen sechs Stöcke im Slalom umfahren, so schnell wie möglich. Alle Kinder machen mit. Mama und Papa schauen zu. Und Conni wird Zweite! Ganz stolz nimmt sie ihre Preise entgegen: einen Schokoladenschneemann, eine Urkunde und eine Medaille.

Schade, dass es zu Hause keine hohen Berge gibt!
„Skifahren ist toll", findet Conni. Auch wenn die Fahrt dahin so lange dauert –
sie will im nächsten Winter unbedingt wieder zum Skifahren.

„Eins, zwei, drei, vier. Nur noch vier Mal schlafen, dann ist Heiligabend."
Rasmus lässt sich neben Luka auf ein Kissen fallen und erzählt ihm von dem
ferngesteuerten Auto, das auf seinem Wunschzettel steht. Es ist Dezember
und die Kleinen Füchse können Weihnachten kaum erwarten.

„Rasmus, du musst noch dein Geschenk einpacken", ruft Greta. Mit ihrer Erzieherin haben die Kleinen Füchse für die Eltern gebastelt. Am nächsten Tag soll es eine Weihnachtsfeier geben, auf der die Kinder die Geschenke überreichen möchten.

Fast alle Eltern sind zur Weihnachtsfeier gekommen. Im Gruppenraum ist es gemütlich und kuschelig warm. Es gibt Punsch, Lebkuchen und selbst gebackene Plätzchen. Greta liest eine Geschichte vor, in der ein Zwerg einem hungrigen Fuchs in der Weihnachtsnacht hilft. Mit Instrumenten begleiten Oskar, Laura und die anderen die Geschichte.

Am späten Nachmittag sind die Plätzchenteller leer
und die Kleinen Füchse gähnen um die Wette.
„Fröhliche Weihnachten", rufen sie Greta
zum Abschied zu.

Das neue Jahr hat begonnen. Die Weihnachtsferien sind vorbei und die Kleinen Füchse sind zurück im Kindergarten. Nur Selma fehlt.
„Seht mal", sagt Greta. „Selma hat uns eine Postkarte aus dem Skiurlaub geschickt. Sie schreibt, dass es in den Bergen ganz viel schneit."
„Wir wollen auch Schnee", meint Laura. Bisher ist noch keine einzige Flocke gefallen.
„Aber der Winter dauert ja noch", versucht Greta sie zu trösten.

„Habt ihr eigentlich Silvester gefeiert?", will Greta wissen.
„Jaaa!", rufen die Kleinen Füchse im Chor. „Ich war ganz lange auf", sagt Oskar.
„Ich auch", unterbricht ihn Luka. „Und die Raketen haben so laut geknallt!"
Er versucht, wie ein großes Feuerwerk zu klingen. Auch die anderen Kleinen Füchse
verwandeln sich in laute Silvesterkracher
und machen „Peng! Bumm! Zisch!".
Greta hält sich die Ohren zu.
„Hilfe! Raus mit euch!", ruft sie lachend.

Eifrig suchen die Kinder ihre Winterstiefel, dicken Jacken, Schals und Mützen zusammen. „Wo ist meine Mütze?", ruft Rasmus. „Meine Bommelmütze ist weg!"
Mia grinst. „Ich sehe sie!"

„Hier ist ein dicker Klumpen Eis im Blumentopf! Wie kommt das da rein?", fragt Luka. Greta erklärt, dass Eis gefrorenes Wasser ist. „Damit das Wasser fest wird, muss es null Grad oder noch kälter sein."
Rasmus zeigt Oskar die Eiszapfen an der Regenrinne und flüstert ihm etwas ins Ohr. Dann schnappen sie sich einen Sandeimer und flitzen nach drinnen.

„Was habt ihr denn vor?", fragt die Köchin Barbara. „Wir wollen Eis machen", sagt Rasmus und rüttelt an der Tür des Gefrierfachs. „Und ich dachte, ihr braucht etwas Warmes zu essen." Barbara lacht und nimmt Oskar den Eimer mit Wasser ab. „Mmhh, hier riecht es gut", sagt Oskar. Auf dem Herd steht ein Topf mit Klößen. Dazu gibt es Rotkraut. Ein echtes Winteressen, meint Barbara. Oskar und Rasmus ist das egal, Klöße würden sie auch im Sommer essen.

Zum Nachtisch gibt es Orangen und Nüsse. In einer großen Schüssel liegen Walnüsse, Mandeln und Haselnüsse. Greta stellt einen Nussknacker auf den Tisch. Nacheinander stecken die Kleinen Füchse Nüsse hinein und lassen es krachen.

Mandel

Walnuss

Haselnuss

Am nächsten Morgen kommt eine Frau mit einem dicken Kissen und einem Buch unterm Arm in den Kindergarten. „Das Märchen von Frau Holle" steht darauf. Die Märchenfrau erzählt den Kleinen Füchsen die Geschichte von den Schwestern, die in den Brunnen fallen und bei Frau Holle landen, um dort die Betten zu schütteln. Und auf einmal schneit es auch weiße Flocken in der Kuschelecke.

„Na, war das eine schöne Überraschung?", fragt Greta. „Ja, schon", zögert Laura. „Aber kannst du uns morgen auch mit echtem Schnee überraschen?"

„Wenn es nicht schneien will, basteln wir uns eben eigene Schneeflocken",
beschließt Greta. Aus dem Schrank holt sie weißes Papier, Bastelscheren
und einen kleinen Teller. Erwartungsvoll schauen die Kleinen Füchse zu,
wie Greta den Teller auf das Papier legt und ihn mit Bleistift umrandet.
Im Nu sind sechs Kreise fertig. Jedes Kind schneidet vorsichtig einen Kreis aus.
„Faltet den Kreis einmal in der Mitte", sagt Greta.

Den Halbkreis falten sie noch einmal zur Hälfte und dann ein drittes Mal.
„Sieht aus wie ein Pizzastück", meint Luka.
In das Papier schneiden die Kinder große und kleine Dreiecke,
Halbkreise und andere Formen.
Als alle fertig sind, sagt Greta: „Und jetzt vorsichtig auffalten."

Endlich Schnee! Die ganze Nacht hat es geschneit und noch immer fallen dicke Flocken vom Himmel. „Das war Frau Holle!", ruft Laura. „Nein, das war Greta!", erwidert Rasmus. Er schnappt sich seine Handschuhe und flitzt nach draußen. Dort sausen Mia und Luka schon auf Tellerrutschen den kleinen Hügel hinab.

Selma ist aus dem Urlaub zurück. Zusammen mit Oskar rollt sie eine Schneekugel durch den Garten. Zwei größere Kugeln haben sie schon aufeinandergelegt. Stöcke, Steine und ein Eimer liegen daneben.
„Was macht ihr denn da?", fragt Laura.
„Rate mal!", ruft Oskar.

„ABC, die Katze lief im Schnee ..."

Greta und die Kleinen Füchse sind mit dem Förster im Wald verabredet. „Psst, wir müssen leise sein", sagt er, „die Tiere halten Winterschlaf."

Da huscht ein Eichhörnchen vorbei und klettert auf einen Baum. „Macht das keinen Winterschlaf?", möchte Mia wissen. Der Förster erklärt, dass Eichhörnchen Winterruhe halten. Sie schlafen zwar, wachen aber zwischendurch auf, um sich etwas zu fressen zu suchen.

„Seht mal! Hier ist ein Wildschwein gelaufen", sagt der Förster und zeigt auf den Boden. Im Schnee kann man deutlich die Spuren erkennen. „Das Wildschwein hält weder Winterruhe noch Winterschlaf. Es bekommt nur ein dichteres Fell als Schutz vor der Kälte", erklärt er.

Zurück im Kindergarten stellen die Kleinen Füchse fest, dass die Vögel im Garten kein Futter mehr haben. Vorsichtig leert Selma die Tüte mit frischen Körnern in den Futterspender. Rasmus bindet noch einen Meisenknödel an das Vogelhäuschen. Schon kommen zwei Meisen und picken die Körner.

„Morgen ziehen wir verkleidet durch die Straßen, machen ganz viel Krach, singen Quatschlieder und vertreiben den Winter", sagt Greta eines Morgens beim Frühstück. „Aber warum?", will Rasmus wissen. „Ich mag den Winter."
„Ich auch", sagt Greta, „aber bald soll es wieder Frühling werden. Daran können wir den Winter ja schon mal erinnern."

Am nächsten Tag stehen statt der Kleinen Füchse eine Hexe, zwei Prinzessinnen, ein Pirat, ein Zauberer und ein Superheld im Kindergarten.
„Auf zum Krachmacherumzug!", ruft Greta.
Mit Tröten und Ratschen ziehen die lustigen Gestalten los und singen laut im Chor:

„Trat ich heute vor die Türe,
sapperlot, was sah ich da?
Tanzte da die Gans Agathe
mit dem Truthahn Cha-Cha-Cha.
Und die Hühner und die Tauben
machten ‚meck' und schrien ‚muh'
und das Pferd mit seinen Hufen
klapperte den Takt dazu."

Max und seine Mama müssen etwas im Kaufhaus besorgen. „Bekomme ich den kleinen Gärtner?", fragt Max. „Es ist doch bald Weihnachten!" Mama schüttelt den Kopf. „Bis Weihnachten dauert es verflixt lange, Max. Es ist noch nicht mal Dezember. Aber du kannst dir den kleinen Gärtner ja wünschen."
Mama kauft 48 Säckchen und eine Wäscheleine. „Wofür brauchen wir die denn?", fragt Max. Die alte Wäscheleine ist doch noch tipptopp. „Überraschung!", antwortet Mama. Aha, denkt Max. Also ist doch bald Weihnachten.

Eine Woche später finden Max und sein großer Bruder Felix endlich heraus, was aus den Filzsäckchen und der Wäscheleine geworden ist: ein Adventskalender. An jedem Tag bis Weihnachten dürfen Max und Felix eine Kleinigkeit für sich aus den Säckchen holen.
„Jippiiii! Der Gärtner!", jubelt Max am ersten Dezember. „Danke!"
„Zorro braucht auch einen Adventskalender", sagt Max. Er bekommt von Mama dafür vierundzwanzig leere Streichholzschachteln.
„Und was kriegt Zorro?", fragt Felix. „Etwa Süßigkeiten?"
Max schüttelt den Kopf. Süßigkeiten darf sein Kaninchen nicht fressen. Er füllt in jedes Schächtelchen ein bisschen Trockenfutter.

Am zweiten Advent backen Max, Felix und ihre Eltern Plätzchen. „Ich mach ganz viele Tannenbäume", sagt Max. „Die kann mein Gärtner gießen, bis sie sieben Meter hoch sind!"

Felix sticht lieber Raketen aus. „Wir könnten doch in diesem Jahr eine Rakete statt eines Tannenbaums im Wohnzimmer aufstellen. Dann schmücken wir sie mit Kerzen und Kugeln. Und zu Silvester schießen wir die Rakete – ssssst – direkt aus dem Wohnzimmer ins Weltall!"
Papa lacht. „Und wer repariert dann das Loch im Dach?"

Am Nachmittag kommt Max' Freundin Pauline zum Geschenkebasteln. Für ihre Eltern und Großeltern schneiden sie Sterne aus. Für Felix bastelt Max eine Rakete aus alten Pappröhren und Buntpapier.
„Ich brauche auch ein Geschenk für Zorro", sagt Max. Denn an Weihnachten schenkt man allen etwas, die man gernhat. Und sein Kaninchen hat Max ganz besonders gern.
„Aber was?", überlegt Max. Schließlich sagt er: „Ich mache ihm einfach auch einen schönen Stern. Den hängen wir dann über seinen Stall."

Zwei Tage vor Weihnachten rennt Max in Felix' Zimmer. „Pauline hat schon einen Tannenbaum! Nico auch. Meinst du, Papa und Mama haben vergessen, einen für uns zu kaufen?"

Felix hat sofort eine Idee. „Ich weiß, wo wir einen Tannenbaum herkriegen! Sogar ohne Geld. Wir sägen einfach Mamas Tanne um!"
Max guckt die sieben Meter hohe Tanne an und schüttelt den Kopf. „Ich mag Mamas Tannenbaum. Den will ich nicht fällen."
„Na gut", sagt Felix. „Dann buddeln wir ihn eben mit den Wurzeln aus und nach Weihnachten setzen wir ihn wieder in den Garten."
Das findet Max eine ziemlich gute Idee.

Mama und Papa finden die Idee allerdings nicht so gut. Die Tanne ist viel zu groß. Aber bei Oma im Garten gibt es eine kleine Tanne, die sie ausgraben können. Deswegen fahren Max und Felix am nächsten Tag mit Papa zu ihren Großeltern. Felix steckt direkt den Spaten in die Erde.
„Ich will auch mal!", sagt Max. Aber sie haben nur einen Spaten. Und nur eine Hacke. Da müssen sie sich abwechseln.
„Ich wünsch mir einen eigenen Spaten zu Weihnachten", sagt Max.
„Und ich wünsch mir eine Schubkarre", stöhnt Papa, als sie den Baum endlich ausgegraben haben.

„Ein Erwachsener und zwei Kinder", sagt Papa, als der Bus kommt. „Und ein Tannenbaum", sagt Max.
Der Busfahrer staunt. „Habt ihr den selbst ausgegraben?" Die drei nicken. „Schöner Baum!", sagt der Busfahrer.
„Ein Ticket braucht der aber nicht. Schließlich ist morgen Weihnachten."

Zu Hause im Wohnzimmer sieht der Tannenbaum gar nicht mehr so klein aus. Papa hat einen großen Blumentopf aus der Garage geholt. Sie stellen den Wurzelballen in den Topf und füllen ihn mit Erde auf.
„Können wir jetzt den Baum schmücken?", fragt Max.
Aber Mama und Papa schütteln die Köpfe.
„Das Wohnzimmer ist jetzt das Weihnachtszimmer. Und das ist ab sofort für Kinder gesperrt. Erst wenn morgen Abend das Glöckchen klingelt, dürft ihr wieder rein", sagt Mama.

Ganz früh am Weihnachtsmorgen wachen Max und Felix auf.
Sie schleichen sich zum Wohnzimmer. Aber das ist abgeschlossen.
„Leuchte mal durchs Schlüsselloch!", flüstert Felix. Aber selbst
mit Max' Taschenlampe können sie nichts erkennen. Jetzt ist Max
so aufgeregt, dass er platzen könnte.

Als es am Nachmittag klingelt, glaubt Max schon, dass das der Weihnachtsmann ist. Oder ein Rentier. Oder ein Wichtel. Aber es sind Oma und Opa.
Auch nicht schlecht, denkt Max.

„Jetzt ist Abend!" Max zeigt nach draußen. Alles ist dunkel.
„Können wir jetzt endlich ins Weihnachtszimmer?"
„Und was ist mit dem Nachtisch?", fragt Opa.
Mama grinst. „Den können wir auch später noch essen.
Als Nacht-Tisch."

Plötzlich wird es ganz still in der Küche. Alle hören es: das Glöckchen! Max und Felix rennen zum Wohnzimmer. Da geht die Tür auf – und dann sagen Max und Felix gar nichts mehr vor Freude, während die Erwachsenen „O Tannenbaum" singen.

Endlich ist Bescherung! Max packt ein großes Geschenk aus. „Ein Klappspaten!" Er freut sich riesig. „Kann ich schon mal ein Loch im Garten buddeln? Dann können wir den Tannenbaum morgen früh einpflanzen."
„Nein, den Tannenbaum brauchen wir noch ein paar Tage hier im Weihnachtszimmer", sagt Mama.
Weihnachten ist einfach das allerschönste Fest im Jahr, findet Max. Alle freuen sich über ihre Geschenke.

Und es ist schon verflixt spät, als Opa sagt: „Jetzt wäre die richtige Zeit für einen kleinen Nacht-Tisch, oder, Jungs?" Aber Max und Felix …

… sind schon eingeschlafen.

Die **LESEMAUS** ist eine eingetragene Marke des Carlsen Verlags.

Sonderausgabe im Sammelband
© Carlsen Verlag GmbH, Postfach 50 03 80, 22703 Hamburg 2019
ISBN: 978-3-551-08993-9
Umschlagkonzeption: Karin Kröll
Illustration der Lesemaus: Hildegard Müller, Karin Kröll
Umschlagillustration: Catharina Westphal | Vorsatzpapier: Sabine Kraushaar
Lesemaus-Redaktion: Anja Kunle, Constanze Steindamm
Lektorat: Steffi Korda, Büro für Kinder- & Erwachsenenliteratur, Hamburg
Lithografie: ReproTechnik Fromme, Hamburg
Printed in Germany

Jule ist krank
© Carlsen Verlag GmbH, Hamburg 2018

Max im Winter
© Carlsen Verlag GmbH, Hamburg 2013

Auf dem Bauernhof durch das Jahr
© Carlsen Verlag GmbH, Hamburg 2014

Conni fährt Ski
© Carlsen Verlag GmbH, Hamburg 2005

Winterzeit im Kindergarten
© Carlsen Verlag GmbH, Hamburg 2014

Max freut sich auf Weihnachten
© Carlsen Verlag GmbH, Hamburg 2017

Alle Bücher im Internet: www.lesemaus.de
Newsletter mit tollen Lesetipps kostenlos per E-Mail:
www.carlsen.de

Liebe Eltern,

Lesen ist wichtig für die erfolgreiche Entwicklung Ihres Kindes. Lernen und Verstehen, Einkaufen oder Surfen im Internet – nichts geht ohne Lesen.

Der erste Weg zum Lesen führt über das gemeinsame Anschauen und Vorlesen von Bilderbüchern. **Vorlesen ist die beste Leseförderung für Ihr Kind**, denn

- Vorlesen fördert die Nähe zu Ihrem Kind.
- Vorlesen schult die sprachliche Entwicklung Ihres Kindes.
- Vorlesen weckt in Ihrem Kind die Freude am Lesen.

Lesen Sie Ihrem Kind vor!
Ideal sind täglich 15–20 Minuten gemeinsame Vorlesezeit an einem gemütlichen Ort. Wichtig ist außerdem, dass Kinder die richtigen Bücher im richtigen Alter erhalten.
Die Reihe LESEMAUS bietet viele spannende Bilderbuchgeschichten, insbesondere für Kinder im Vorlesealter.

Ihnen und Ihrem Kind viel Spaß beim Vorlesen!

Prof. Dr. Dagmar Bergs-Winkels
HAW Hamburg, Fakultät Wirtschaft und Soziales
Studiengang Bildung und Erziehung in der Kindheit